मणिकर्णिका
काशी के घाट पे उभरी राख की कविताएँ

विज्ञान प्रकाश

Copyright © Vigyan Prakash
All Rights Reserved.

ISBN 978-1-63974-383-4

This book has been published with all efforts taken to make the material error-free after the consent of the author. However, the author and the publisher do not assume and hereby disclaim any liability to any party for any loss, damage, or disruption caused by errors or omissions, whether such errors or omissions result from negligence, accident, or any other cause.

While every effort has been made to avoid any mistake or omission, this publication is being sold on the condition and understanding that neither the author nor the publishers or printers would be liable in any manner to any person by reason of any mistake or omission in this publication or for any action taken or omitted to be taken or advice rendered or accepted on the basis of this work. For any defect in printing or binding the publishers will be liable only to replace the defective copy by another copy of this work then available.

Dedicated to the ever graceful Radha Krishna

त्वदीयं वस्तु गोविन्द तुभ्यमेव समर्पये

क्रम-सूची

प्रस्तावना ix
  1. टूटे मनके 1

ये उन सभी भावनाओं की एक टोकरी है जिन्हें ना कहा गया, ना सुना गया बस उकेरा गया पन्नों दीवारों फूलों और आसमान पर!

मौन या एकान्त या विच्छेद क्यों मुझ को सताए?
विश्व झंकृत हो उठे, मैं प्यार के उस गान में हूँ!
मैं तुम्हारे ध्यान में हूँ!
~अज्ञेय

प्रस्तावना

जब सब बह जाता है, जब सितारे सुबह गायब हो जाते हैं, जब तेज धूप में किसी पेड़ की छाँव ढूंढी जाती है तब उस छाँव में उभरती कविता। कविताएँ दंश भी है और दंश के लिए दवा भी। इस पुस्तक में हिंदी साहित्य में मृतप्राय होती जा रही कविता को अंजुरी में जल भाँती भर लेने की कोशिश की गई है।

ये संग्रह मेरी बरसों सहेजी गई यादों की टोकरी है। इस टोकरी में वो कविताएँ हैं जो मुझे मेरे दंश से मुक्ति देती हैं ...

1. टूटे मनके

१.
एक सदी इस आस में बीती
कि क्षमा किया जाऊँगा,
एक उम्र इस तरह राह देखी
जैसे उस दरवाजे से
आती किरण के साथ
एक पाती आयेगी
जो होगी मेरे नाम लिखी
"जाओ
है किया तुम्हें आजाद प्रिये,
इस जनम है जो भी तुमने मांगा
सब वर तुम्हारे
दिये तुम्हें सब साथ प्रिये!"
और ढलते सूरज के
बिखरे किरणों को समेटते
जो बहता पानी
मेरे दु:खों पे रोया करता था
वो
मुझ सा हो गया,
वो अश्रु बहायेगा
रोयेगा
आज ये नदी
गंगा हो गई!

(08/04/21)

२.

मरते हुए मेरे होंठ
दोहरा रहे होंगे एक कविता
जिसकी पंक्तियाँ होगी तुम
और अलंकार होंगी
तुम्हारी यादें,
मैं झुठला दूँगा
सारे किस्से जिनसे
उठने की कोशिश करेगा दुःख,
रह जायेंगी तो बस तुम्हारी
सुन्दर आँखों पर लिखी कविताएँ!❤
(17/09/20)

३.

मणिकर्णिका से उठते
कुछ अर्ध विरामों को निहारता
ये मन
कुछ वाचाल सा हो जाता है,
जाह्नवी की धाराएँ
अपने पटल पे
दीये की लौ से खेलती

क्षणभंगुरता का एहसास देती हैं,
सोम से श्वेत उधार ले मेघ
बिखरे सितारों से
अठखेलियाँ करते हैं,
रात गहराती है
चिताएँ चटकती हैं
मौन प्रगाढ़ होता है!
(22/08/20)

४.
इस साल सावन छू के नहीं निकला,
तुम नहीं थे
तो मिट्टी से खुशबू भी न आ रही थी,
बालकनी में गिरती फुहारों में
वो प्रेम कहाँ
जो घाट पे तुम्हारे बाहों में सर रखे
बूँदों को चेहरे पे महसूस करने में था!
सावन इस साल भी था,
प्रेम न बरसा!
(11/08/20)

५.
हटो कान्ह बड़ी प्रीत लगाई

खूब स्नेह गोपी से पाए।
इधर राध है बाट जोहती
तनिक इधर ना आये?
अरे प्रिये ये कर्णफूल
मैंने और हैं क्योंकर लाए
छोड़ो अब ये मान रूठना
मुख कान्ह को दियो दिखाए!
(04/07/20)

६.
हो सकता है न
तुम पहाड़ की सबसे ऊँची चोटी चढ़ो
और फिसल जाओ,
तुम पूरा रेगिस्तान पार कर लो
और सामने समंदर हो,
तुमने पुरी रस्सी चढ़ ली हो
तभी वह टूट जाये,
जब तुममे जीने की सबसे अधिक चाह हो,
तुम मर जाओ!
हो सकता है न,
तुम खुशी से मुस्कुरा रहे हो
और तुम्हें प्रेम हो जाये!
(27/06/20)

७.
हर शाम
सूरज से मौन संवाद करता
मैं उसकी ओर भागता हूँ,
तुम्हारी याद
मेरा पीछा करती है
जब तक
चांद का साया नहीं हो जाता,
फिर हम दोनों थक
सितारों के नीचे
सो जाते हैं!
(04/06/20)

८.
जब उसे देख
भूल जाओ
सारी दु:ख तकलीफें
उसकी मुस्कुराहट
जब देने लगे खुशियाँ
तुम करना उससे
थोड़ा और प्रेम
और
हो जाना ऋणी!
(16/05/20)

९.
कोई रो रहा होगा
कोई हँस रहा होगा
मैं परमात्मा की गोद में बैठा
हिसाब लगाऊँगा
वक़्त से साथ
सूखती आँखों का!
(12/05/20)

१०.
तवे पर उंगलियाँ जला
तुम्हारी माँ
तुम्हारे किये पापों
का प्रायश्चित
करती हैं!
(10/05/20)

११.
सालों से
उन्मुक्त बहती आ रही नदी

बंधी
और झील हुई,
बाँध देने पर
चीजे सुन्दर हो जाती हैं
या कुरुप,
घर में बैठी बेटी
के इस प्रश्न का
क्या उत्तर दे नाविक?
(08/05/20)

१२.
फिर एक शाम
ढलते ढलते
दिन को रात से प्रेम हो गया
गोधूलि आँसू बहाती रही
चांद आधे आधे निकला
भोर ने रोना शुरु किया
घास पर ओस उग आई!
(31/07/2020)

१३.
मेरे पास छतरी थी
बारिश हुई झम

और छतरी हटा दी गई
तुम्हारा प्रेम
बूँद बन बरस रहा था!
बारिश
प्रेमियों का मौनी मित्र है!
(03/05/20)

१४.
मैं बस, रेलवे स्टेशन पे
फूल बेचने वाला,
क्या मालूम मुझे
प्रेम कैसे
'पाँच रुपये गुलाब' कर
भाव लगाता है!
(03/05/20)

१५.
पांव के छाले नहीं रोकते
रिक्शा खींचे जाने से,
बोझ उठाना ना रुक जाता
हाथों के थक जाने से,
ना रुकते काले करखाने
साँसों के रुक जाने से,

ना रुक जाती फसलें उगना
खेतिहर के टंग जाने पे,
लड़की स्कूल ना जाने पाती
पैसों पे ब्याहे जाने से,
कैसे रुक जाये नारायण
फिर भी भूखे सो जाने!
(01/05/20)

१६.
एक खत कुछ पत्ते
दबाए हैं
रात अंधेरे,
तुम्हारे घर के पीछे!
थोड़ा प्रेम कुछ हरश्रृंगार
छुपाए हैं
रात अंधेरे,
तुम्हारे घर के पीछे!
छोटी मुलाकातें ढेर बातें
की हैं मैंने
रात अंधेरे,
तुम्हारे घर के पीछे!
थोड़े किस्से कुछ कविताएँ
छोड़ दी मैंने
रात अंधेरे,
तुम्हारे घर की पीछे!

भोर उठोगी तुम देखोगी
क्या क्या रखा
रात अंधेरे,
तुम्हारे घर की पीछे!
खत प्रेम किस्से कविताएँ
और कुछ हरश्रृंगार जो बिखरे
रात अंधेरे,
तुम्हारे घर के पीछे!?
(30/04/20)

१७.
तुम्हारे चले जाने से
टूटकर बिखरा
रोया नहीं मैं,
पर
तुम्हारे ना लौटने से
मेरी आँखों से
छलक गया प्रेम!
(28/04/20)

१८.
याद है
गली का वो एकतारे वाला साधू

जो लड़कों को
एक, दो, पाँच रुपए की
टौफियाँ दिया करता था!
आज गाँव गया
तो पता चला
एकतारे, रुपये, टौफियाँ
सब जस के तस हैं
भूख ने
साधू को निगल लिया!
एक संस्कृति को
शहर खा गया!
(24/04/20)

१९.
जब ये देह
सारी वेदना झेल चुकी होगी,
जब सारे दु:ख थक चुके होंगे,
आँख सूख चुकी होगी,
मन जब सुख देखने को विकल होगा,
हवा चलेगी
और अधजला खत
उड़ आयेगा...
(24/04/20)

२०.
खेत की मेड़ भी
एक सरहद होती है,
इसे भी
शत्रुओं से बचाना पड़ता है!
प्रगल्भ शत्रु
अक्सर मात दे जाता है;
पर इससे भी दु:खद
ये है कि
इस लड़ाई में
हार पर मृत्यु तो होती है,
विजय पर पारितोषिक नहीं मिलता!
(13/07/20)

२१.
प्रेम
पत्थर होता है,
अडिग;
पर तोड़े जाने पर
पहाड़ी पत्थर भी
भुरभुरी मिट्टी बन
हल्की फुहार में
बह जाते हैं!
(11/07/20)

२२.

डूबता सूरज
तेरा साथ
जुल्फ़ संवारते
मेरे हाथ!
किताबी लड़का
घुमक्कड़ लड़की
इश्क़ हौले
खोले खिड़की!
आखिरी पन्ना
लड़के की किताब
अधूरे खत
थोड़ा माहताब!
शाम गुलाबी
गंगा घाट
पानी के छींटे
उसके हाथ!
नदी का शोर
लड़का म्यूट
बिन्दी और
बादामी सूट!
थोड़े किस्से
थोड़ी शराब
इश्क़ मोहब्बत

और एक ख्वाब!
अधजली सिगरेट
घड़ी में चार
टिप्सी लड़की
रात का खुमार!
बीतता वक़्त
गुजरती रात
साथ तलाशते
लड़के के हाथ!
पहचाने चेहरे
जाना किस्सा
थोड़ा सच
कुछ झूठा हिस्सा!
(21/04/20)

२३.
मेरा पेहला प्रेम-पत्र मुझे मिला
नागार्जुन की
प्रतिनिधि रचनाओं में छुपाकर!
क्रांति मेरे पास
प्रेम बनकर आई थी!?
(21/04/20)

२४.
यमुना की धार के किनारे
झोपड़ों मे रह रहा बच्चा
धूल में सने हाथी को
राजा की तरह चला रहा है,
पतली सी मुस्कान लिये
उसकी माँ
आँखों से भी पता नहीं लगने देती
की कुछ खिलौने
पैसे से नहीं
माँ की भूख से
खरीदे जाते हैं!
(14/04/20)

२५.
चलती रेलगाड़ियों में
खिड़की पर बैठे कुछ लड़के
गुजरते जाते खेतों खलिहानों
से बतियाते,
उन निर्जीवों को सुनाते जाते हैं
अपनी अमर प्रेम कथा,
और ओस पड़ी खिडकियों पर
उग आता है
प्रेमिकाओं का नाम
क्षण भर को!

(14/04/20)

२६.
पुराने छज्जे से टपके
का शोर
आज चार साल बाद भी
उतना ही परेशान करता है,
ठीक उसी तरह
जैसे घर में पड़ी
बिनब्याही लड़की
आज इतने सालों बाद भी
बाप की आँखों को खटकती है!
(13/04/20)

२७.
टोकरी में
छह की जगह
आठ ईंट रख लेती है
वो माँ
जो अपनी
फट चुकी साड़ी
से झाँकते
मातृत्व के सूख गये सूचक से

अपने बच्चे का पेट
नहीं भर पाती!
(13/04/20)

२८.
कई बार मैं करता हूँ कल्पना
गंगा के दो पाटों की तरह
अलग होकर भी
साथ चलने वाले
प्रेमी जोड़ों की,
जो आदि से अन्त तक कभी
एक दुसरे को छू न पायें!
यूँ ही हो जाने वाला प्रेम,
जहाँ प्रेयस प्रेयसी को
धकेलता है,
"दूर हो जाओ
मेरे साथ न हो पाओगी
दुःख होगा।"
और फिर लौट आता है
अगले ही मोड़ पर वापस
अपनी प्रेयसी के पास,
"मैं भी तो न रह सकूँगा
तुम्हारे बिना!"
दो आत्माएँ
जो शरीर से निकल

ईश्वर तक का सफ़र
साथ करती हैं
विह्ल मिल जाने को
एक होने को,
पर प्रकृति के नियम
जिन्हें बाँध रखते हैं
मिलने से,
और प्रेम बाँध रखता है
अलग होने से!
(12/04/20)

२९.
हमेशा पिता और पति
का हाथ थाम
पीछे चलने वाली लड़कियाँ
पंख खुलने पर
समेट लेना चाहती हैं
पूरा आसमान
देख लेना चाहती है
पूरी ज़मीं!
वे जानती हैं
ये पंख किराये के हैं
वापस मांग लिये जायेंगे!
(05/04/20)

३०.
विरह की पीड़ा से
छलक पड़े
कमलनयन भी,
तो रुद्र के अक्ष भी,
प्रेम का दुख
बनाता है
सबसे बुरे
और सबसे अच्छे
क्षण...
(30/03/20)

३१.
लड़के जो करते है प्रेम
लौट कर नहीं जाते
उस चौराहे से
जहाँ उन्हें छोड़ा गया था!
वे वहीं बैठे
करते है इंतजार,
आखिरी सिगरेट को
थोड़ा और लम्बा खींचते
नॉवेल के कुछ और पन्ने पलटते
और कविताएँ लिखते,

अपने प्रेमिका के लौटने का!
(16/03/20)

३२.
वे लड़के
जो सारी उम्र
क्रोध ओढ़े रहे,
जिन्होंने
काट दिया इतना वक़्त
चारों ओर
कठोरता का आवरण बना!
वे भी चाहते है
प्रेम किया जाना
वे जानते है
प्रेम होता है
कितना खूबसूरत,
वे लिखते है
अपनी प्रेमिकाओं को ख़त
अपनी कॉपियों
के आखिरी पन्नों पे,
और तलाशते है
अकेले कोने
बात करने को!
(14/03/20)

३३.

युगों के बीत जाने के बाद
जब शिव
संहार कर चुके होंगे,
बचेंगे ईश्वर की गोद में
रोते हुए
वे प्रेम करने वाले
जिन्हें पूरी उम्र
प्रेम की तलाश में
बिता दी,
और ईश्वर
पोंछ रहा होगा
उनके सूखी आँखों से
आँसू!
(11/04/20)

३३.

सुन रही हो राधा
कृष्ण के पदचाप!
वे जा रहे हैं
इस बार सदा के लिए।
क्या कहा,
उन्होंने वचन दिया है।

पर नियती तो
नहीं मानती
किसी वचन का बंधन!
नहीं
वो नहीं मुड़ेंगे इस बार
हर बार की तरह
वो राधेय होकर
रह जायेंगे
और तुम
कृष्णप्रिया।
राधा-कृष्ण होना
यहीं तक था!
(कृष्ण के वृंदावन त्याग के परिप्रेक्ष्य में)
(08/03/20)

३४.
मैंने नहीं देखा है तुम्हें
जब तुम थी
पाँचवी में,
जब तुम अपनी
माँ से चोटी बनवा
स्कूल जाया करती थी,
जब तुम भागती थी
तितलियों के पीछे,
जब अपनी पसंदीदा

चीज़ ना खरीदे जाने पर
तुम मुँह ढाप के
रो लिया करती थीं,
जब तुमने चीजें
पसंद नापसंद करना
शुरु किया
मैं चाहता हूँ
देखना सब
छुपकर!
(01/03/20)

३५.
क्या मेरे पास
कोई दूसरा रास्ता था,
तुम्हारे प्रेम में
ना पड़ने के अलावा?
नहीं
मैं
तुम्हारा
सिर्फ़ तुम्हारा था
जाने कितने वक़्त से।
मेरे प्रेम को
इंतज़ार था
बस तुम्हारे आने का
जैसे

ये धरती करती है
इंतज़ार
एक लम्बे सूखे मौसम के बाद
बारिश के आने का! .
(21/02/20)

३६.
जैसे सूरज करता है
दिन शुरु
धरती को
अपनी रश्मियों से चूम!
मैं चाहता हूँ
मेरा हर दिन
तुम्हारी पेशानी को
मेरे होठों से छू
शुरु हो!
(20/02/20)

३७.
रोज
तुम्हें खोजने वाला
मेरा दिल
इस उम्र को

तलाश में ही
गुज़ार देगा!
ये नज़रें
तुम्हें देख लेने को
आतुर
और कुछ
पसंद नहीं करेंगी!
तुम्हारा नाम
लेने को तरसते
मेरे होंठ
रह जायेंगे सूखे!
इस जीवन को बस
प्रेम की खोज
ही करते
बिता दिया जायेगा,
हाथ यूँ ही
खाली रह जायेंगे!
#लप्रेक
(31/01/20)

३८.
तुम से होता हुआ
मुझ तक आता
हर स्वर संगीत लगता है मुझे!
जब तुम

अपने खुले बालों को समेट
बाँध लेती हो
तुम्हारी गर्दन पे बिखरे
तुम्हारी ज़ुल्फ़ों को समेटते
तुम्हारे हाथ
जब उस पर फिसलते है
तो मेरे पूरे बदन में
सिहरन से दौड़ जाती है!
और मुझे यूँ
खुद को घूरता देखती तुम
जब मुस्कुरा कर
फेर लेती हो नज़र
"हटो मुझे नज़र लग जायेगी!"
तुम्हारे होठों को छूती
मेरी उँगलियाँ
जैसे किसी पुरानी किताब
के पन्नों पर उकेरे
प्रेम कविता को छू
उसे महसूस करने की
कोशिश करते हैं!
और
तुम्हारी बंद होती आँखें
मेरे छूते ही
झुक जाती
पलकें
जैसे शिव में लीन
पार्वती!

और
तुम्हारी बंद आँखों
का फायदा उठा
मैं चूम लेता हूँ
तुम्हें!
मेरी हथेलियों
को जोर से पकड़े
और हाथ को लपेटे
कंधे पर झुकी हुई तुम
यूँ मूंद लेती हो आँखें
जैसे किसी बच्ची का
अंध विश्वास!
"यही रहना, मेरे पास
कहीं जाना मत!
ठीक है न?"
(27/12/19)

३९.
बेतरतीब
बिखरा मकान
रोशनदानों से
छनकर आती चाँदनी
बंद दरवाजों के
नीचे से आता शोर
बंद खिड़की के शीशे से

झिलमिलाता
झांकता चाँद
दीवार पर टंगी
तस्वीर
जो हवा के झोखें के साथ
झूमती है!
ख़ामोश गली
दिन भर दौड़ भाग
थक कर हाँफते कुत्ते
और
अपने आप को
खुद में समेटता मैं!
सब बिना तालमेल चीजें
जैसे अजीब सा सामंजस्य
बिठाने की कोशिश में लगी हैं.
और घुटनों को मोड़
मुंह ढापे बैठा
मैं
कयास लगाता हूँ
क्या सुबह हो गयी है?
(19/12/19)

४०.
मेरा तुम्हारे सपने देखना
इसमें कुछ भी खास नहीं

मैं तो प्रेमी हूँ।
मगर तुम्हारा मेरे सपने देखना
जिसमें तुम
मेरे आलिंगन में हो
मेरी हो
और मैं
तुम्हारी खुशबू में खोया
तुम्हारे अधरों पर रख देता हूँ
अपनी उँगलियाँ
ये शायद कोई स्वप्न ही हो...
(08/11/19)

४१.
...
मैं,
उसके प्रेम में
जिसने की कभी नहीं समझा
प्रेम को,
हुआ जाता हूँ
और अधिक बेचैन
परेशान, उद्विग्न।
क्योंकि
प्रेम करना
प्रेम समझाने से
कहीं ज्यादा आसान है...

(24/10/20)

४२.
...
तुम्हारा आना
हुआ यूँ
जैसे पौष में धुँध का आना
जो ढक लेती है अपने आवरण से।
तुम हो पत्तों पे पड़ी
ओस की उन बूँदों सी
जिनपे मेरा स्पर्श
बिखराव पैदा कर देता है
मगर मुझमें ला देता है
ठहराव
जो उस बिखराव की अनुभूति में
मग्न
चला जाता है
समाधि में,
प्रेम की समाधी...
(22/10/19)

४३.
एक लड़की

जिसे बारिश पसंद है।
जो सर्द रातों में
अलाव के आगे
हाथ को फैलायें
कविताएँ गुनगुनाना चाहती है।
जिसे सुकरात और नीत्शे को पढ़ना है
और साथ ही
जो शेक्सपियर और प्रेमचंद
की कृतियाँ
भी उतने ही चाव से पढ़ती है।
मगर नहीं पढ़ती मेरी कविताएँ
जाने किस डर से।
वो
मुझे पसंद है...
(08/10/19)

४४.
कुछ प्रेम कहानियाँ
रह जाती हैं
शहर की गलियों में दबी
क्योंकि प्रेम को परवान चाहिये
चाहिये पंख फैलाने की जगह
जो ये संकरी गलियाँ
नहीं दे सकती...
(08/10/19)

४५.
प्रेम को अँजुरी में भर
आजीवन करती रही
तुम्हारा अभिषेक
मगर तुम्हारी प्यास बड़ी थी
मेरे द्वारा किये गये अभिषेक
छींटे बन कर रह गये
जिनसे बस
क्षणिक आनन्द मिलता है
प्यास नहीं बुझती... (07/10/19)

४६.
वो मुझसे रुठी है
सो
अब क्षितिज वैसा नहीं दिखेगा
जैसा पहले दिखता था
आसमां और जमीं
अलग जो हो जायेंगे... (27/09/19)

४७.

शरीर के मर जाने से पहले
मर चुकी होगी
मेरी आत्मा
जो सूखती जा रही धरती के साथ
छोड़ रही है
अपनी जिजीविषा
हर हो रही आत्महत्या के साथ
कुछ हिस्से इसके भी मर जाते हैं
हर प्यास से सूखते गले
और भूख से जलते पेट की तरह
गलती जाती है
मेरी आत्मा भी
और नन्हीं
पथराई आँखों सी
देखती है धीमी मौत.. (19/09/20)

४८.
...
गाँव में
एक कमरे वाला मकान था
जो मेरी
सुकून की नींद वाली रातों
का एकमात्र गवाह है।
जब भी आती पूरनमासी
ऊँची खिड़की से

झांकने लगता था चांद
उस रात दिये नहीं जलते थे घर में।
झींगुरों की आवाज
एक खराब आदत सी हो गई थी
जैसे माँ कि लोरी
जिसके बिना नींद ही ना आये!
(07/09/19)

५९.
एक दिन चुपके से
घुस जाऊँगा
घर के अंदर,
रात अन्धेरे
जब सन्नाटा होगा
हर ओर
और पकड़ लूँगा
अपनी बचपन की यादों को
जो खेल रही होंगी
नींद से लुका छुपी
कहीं बिस्तर के कोने में।
ढूँढ निकालूँगा
उन निशानों को
जो मेरे कदमों ने बनाये थे।
दीवारों पे बनाई वो लकीरें
जिनके लिये रोज डांट

पड़ती थी।
कैद कर लाऊँगा
उन्हें इस मोबाइल में।
वो आवाज जब मैंने पहली दफा
"माँ" पुकारा था
कैद कर लाऊँगा उसे भी।
एक ही रात में
सारी यादें
पकड़ लाऊँगा।
आवाज नहीं करूंगा
अगर माँ जग गई
तो पकड़ कर सुला देगी!
(03/08/19)

५०.
वो बागों में कलियाँ लाया करती थी,
लड़की अपना इश्क़ नुमाया करती थी।
हर ज़र्रे पे लिख डाला था नाम मेरा,
जाने कैसे इश्क़ जताया करती थी।।
सामने रहता था उसके मैं लेकिन वो,
ख़्वाबों में ही मुझको पाया करती थी।
जाने कैसे इश्क़ किया था उसने की,
मेरे हँसने पे रो जाया करती थी।।
जाने कैसी निस्बत थी मुझसे उसको,
चेहरे पे चेहरा इक रख वो मिलती थी।

इस चेहरे पे आई ना मोहब्बत साफ कभी,
उस चेहरे से आहें जाया करती थी।
मैनें खुद को ना था कभी इतना जाना,
वो मुझको पन्ने दर पन्ने पढ़ जाया करती थी।
जाने किस फितरत की थी वो लड़की भी,
मुझ संग वो भी मैं हो जाया करती थी।
मुझको पाना मकसद ना रखा उसने,
वरना उसने मुझको पा ही लेना था।
वो लड़की क्या खूब मोहब्बत करती थी,
अपनी सांसे मुझपे ज़ाया करती थी।
(28/07/19)

५१.

तू पुकार है,
किसी और वक़्त में,
दी हुई आवाज की गूँज,
जो आज लौट आई है,
टकराकर,
उन पहाड़ों से,
जिनमें उन्हें खो जाने को,
भेजा गया था!
(27/07/19)

५२.
ठुकराया गया इंसान ,
भुल जाता है प्रेम करना,
उसका प्रेम झुक जाता है,
उसके अहम के सामने,
और निष्ठुरता जगह ले लेती है,
भावनाओं की!
(31/07/19)

५३.
हम तुझे फिर वहीं मिलेंगे,
जहाँ वो दो रास्ते मिलेंगे।
जिस जगह वो कचनार के,
पेड़ हुआ करते थे।
और उन सितारों से,
भरी रात में हम,
बात किया करते थे।
जो सूनी शामें कहीं,
एक दूसरे को पढ़ते,
गुज़ारी जाती थी,
तुझे मेरे पैरों के निशां,
अब वहीं दिखेंगे।
जहाँ वो बादल,
किसी कलाकारी,
की तरह,

आसमान में,
आवारों की तरह,
फिरते थे।
जिनमें एक दूसरे का चेहरा,
तलाशा करते थे हम।
जिस जगह,
वो नीलकंठ,
अपने पंख फैलाया करता था,
और हम दुआओं में,
एक दूजे को मांगा करते थे।
जिस जगह उस,
ठंड के नीले चांद को देख,
कुछ हसीं सपने बुनते थे,
ये कविता वहीं पड़ी मिलेगी,
कचनार के नीचे!
(02/08/19)

५४.
प्रेम पत्र लिख तो दिया मैंने,
पर देने की,
हिम्मत ना हुई,
छिपा दिया उसे,
डायरी के पन्नों के बीच,
मगर दिल को चैन कहाँ,
बार बार पन्नों को उलट,

उस ख़त को उठाता पढ़ता,
और वापस रख देता उसी जगह।
डायरी के पन्ने,
अक्सर उड़ते है,
और राज खोल देते है,
इस डर से,
ख़त को उसे छिपा दिया,
दराज में,
मगर अक्सर ऐसी जगहों पे,
माँ की निगाह पड़ जाया करती है।
तो उसे मैंने किताबों में छुपाया,
मगर उधर पिताजी की जासूसी रहती है।
सो उसे लेकर,
मैं उसकी गलियों में भी जाता,
मगर दुकानों पे बेवजह,
पैसे जाया करता हुआ,
छत पे,
उसकी एक झलक देख,
लौट आता,
खाली पन्ने को हाथ में दबाये!
सो मैंने उस पन्ने को,
जिसे मैंने अपनी सोच से,
प्रेम पत्र बनाया था,
जला दिया,
और दफन कर दी,
एक प्रेम कहानी,
शुरु होने से पहले!

(08/06/19)

५५.
पुकारती हैं,
गाँव की गलियाँ,
उन नन्हें पैरों को,
जो कभी धूल भरी सड़कों को,
रौंद दिया करते थे।
बगीचे जिनमें पेड़ों के पत्ते,
झड़ चुके हैं।
गिर जाने को व्याकुल वृक्ष,
जो लाचारी के मारे,
अपनी नैतिकता भुल चुके हैं,
फल छाया दोनों से नदारद,
सूखे तालाब,
मानो तरसते हों प्यास से,
जहाँ कभी गड्ढों में नाव चला करते थे,
आज वहाँ तालाब में भी पानी है।
धरती की छाती फट चुकी है,
निर्ममता की पराकाष्ठा।
अब चहचहाहट नहीं होती वहाँ,
बस सन्नाटा है,
शमशान सा,
अविरल अनंत सन्नाटा,
जो कान के पर्दे फाड़ देने को आतुर है।

दग्ध मन,
जो चेतना के प्रहार झेल नहीं पाता,
अब लौट नहीं सकता,
उस संसार में,
शहरी जंगलों से,
उन बगीचों में लौटना असम्भव है!
(22/05/19)

५६.
चाहता हूँ
भोर होना, और ओस देखना
चाहता हूँ
गेरुआ होना, शाम से मिल जाना
चाहता हूँ
अस्सी होना, गंगा से मिल जाना
चाहता हूँ
सवाल होना, गीता से मिल जाना
चाहता हूँ
हो जाना बिना चाह का
चाहता हूँ
तुम होना, मेरी कविता से मिल जाना!
(21/10/20)

५७.
कान्ह तुम बस पनघट पे बंसी बजाना,
गोपी आवे कोई कान्ह
तनिक तुम किसी को ना रिझाना,
कान्ह तुम बस पनघट पे बंसी बजाना!
खोजना मुझको तुम वन उपवन
ना मिलूँ तो खुद में खो जाना
कान्ह तुम बस पनघट पे बंसी बजाना!
राधिका तुम्हरी तो दासी है
प्रीत उसकी हृदय धर जाना
कान्ह तुम बस पनघट पे बंसी बजाना!
(31/10/20)

५८.
कौन ढूंढता है इंसान
सब कंधा ढूंढते हैं,
दु:ख में रख कर रोने
और सुख में मुस्कुरा कर
कहानियाँ सुनाने के लिए...?
(02/12/20)

५९.
किसी ख़्वाब से होते हुए निकलते

सितारों की रोशनी को संभालती
तेरी आंखों के पोर पे छलकती
मेरी याद को लिए दो आँसू की बूँदें।
सहर होती शाम पे फलक से मिलती
स्याह होते आसमान को छूते किसी
समंदर से दो होठों की लाली
जो मेरे नाम को पुकारते हुए सुर्ख हुए जाते।
फैलते पंखों से आसमान नापते
हर हिस्से को आंखों में छुपाये
पंछी के जैसी गहराइयों से भरी
दो मृगनयिनी आंखें किस राज को छुपाती है?
वो मेरा नाम तो नहीं?
वो मेरा नाम तो नहीं...
जो तेरा हुआ पर तेरे हिस्से ना आया...♥?
(20/02/21)

༺❀༺❀༺❀༻

६०.
ऐसा हो सकता है,
बरसों बाद किताबों को निकाल साफ करते मेरा दिया ख़त गिर पड़े!
ऐसा हो सकता है,
एक हार गया बाप छह फीट की रस्सी को धीरे धीरे कर नाप डाले!
ऐसा हो सकता है,
भाई की कॉलेज की फीस देने को बहन

मुस्कुराते हुए खुद को बेच दे!
ऐसा हो सकता है,
माँ बाप को वृद्धाश्रम छोड़ने जाते लड़के का बेटा उसका हाथ छोड़ दे!
ऐसा हो सकता है,
हर वक़्त मुस्कुराता लड़का तुम्हारे मुड़ते ही चुपके से आँसू पोंछ लेता हो!
ऐसा हो सकता है,
रोटी जल जाने पे माँ से झगड़ता लड़का माँ के हाथों पे पिता के दिये निशान देख ले!
ऐसा हो सकता है,
हमेशा सर झुकाये रहने वाली लड़की ने अपनी माँ को घर घर काम करते देखा हो!
दुःख अक्सर आवाज नहीं करते...
(03/02/20)

दु:ख मुट्ठी है रेत सुख, दु:ख भींचता है सुख बह जाता है...
धन्यवाद ....

www.ingramcontent.com/pod-product-compliance
Lightning Source LLC
LaVergne TN
LVHW041547060526
838200LV00037B/1181
9781639743834